AF188485

Impressum
Verlag: BABADADA GmbH, Nedderfeld 112 , 22529 Hamburg
Geschäftsführer / Verlagsleitung: Harald Hof
Druck: Books on Demand GmbH, In de Tarpen 42, 22848 Norderstedt

Imprint
Publisher: BABADADA GmbH, Nedderfeld 112 , 22529 Hamburg, Germany
Managing Director / Publishing direction: Harald Hof
Print: Books on Demand GmbH, In de Tarpen 42, 22848 Norderstedt, Germany

Šola

iskola

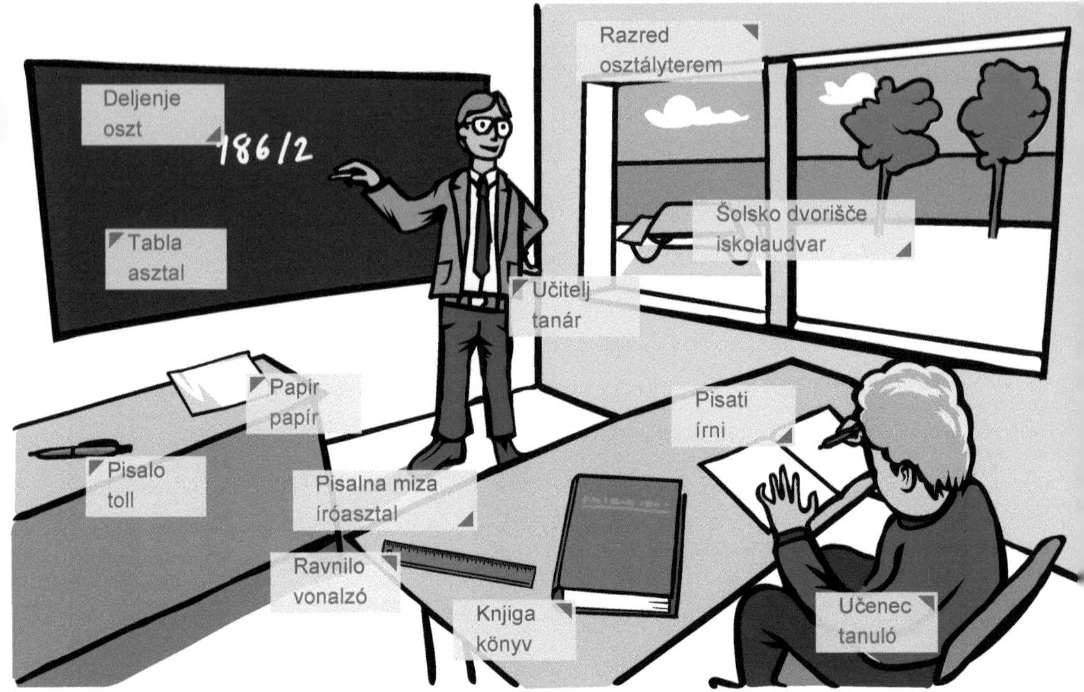
Razred
osztályterem
Deljenje
oszt
186/2
Tabla
asztal
Šolsko dvorišče
iskolaudvar
Učitelj
tanár
Papir
papír
Pisati
írni
Pisalo
toll
Pisalna miza
íróasztal
Ravnilo
vonalzó
Knjiga
könyv
Učenec
tanuló

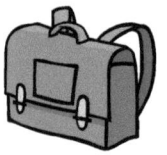

Šolska torba

iskolatáska

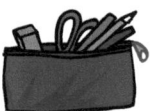

Peresnica

tolltartó

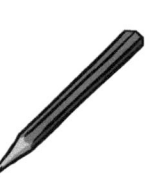

Svinčnik

ceruza

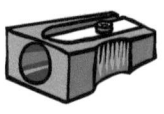

Šilček

ceruzahegyező

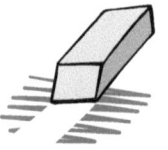

Radirka

radír

Risalni blok

rajzfüzet

Risba

rajz

Čopič

ecset

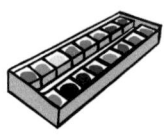

Vodene barvice

festőkészlet

Škarje

olló

Lepilo

ragasztó

Zvezek

munkafüzet

Domača naloga

házi feladat

12

Število

szám

2+2

Seštevanje

összead

5-2

Odštevanje

kivon

2×2

Množenje

szoroz

Računanje

számol

A

Črka

betű

ABCDEFG
HIJKLMN
OPQRSTU
VWXYZ

Abeceda

ABC

Beseda

szó

Besedilo

szöveg

Brati

olvasni

Kreda

kréta

Učna ura

tanóra

Redovalnica

napló

Preizkus znanja

vizsga

Spričevalo

bizonyítvány

Šolska uniforma

iskolai egyenruha

Izobrazba

oktatás

Enciklopedija

enciklopédia

Univerza

egyetem

Mikroskop

mikroszkóp

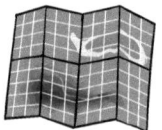

Zemljevid

térkép

Koš za smeti

papír-hulladék gyűjtő

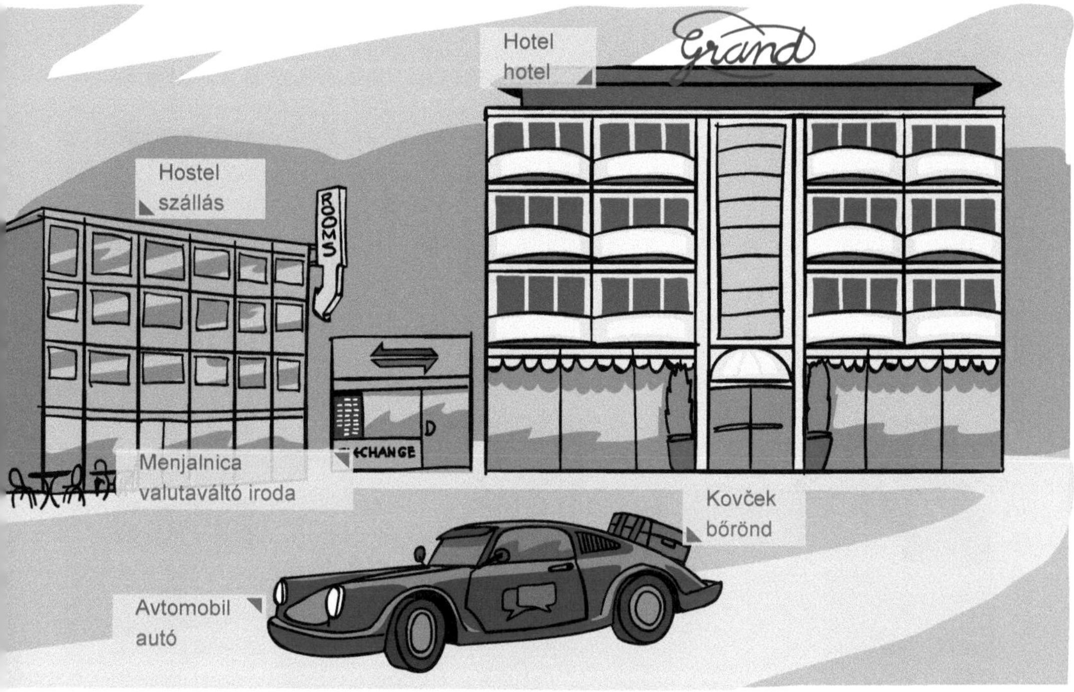
Hotel
hotel
Grand
Hostel
szállás
ROOMS
Menjalnica
valutaváltó iroda
EXCHANGE
Kovček
bőrönd
Avtomobil
autó

Jezik

nyelv

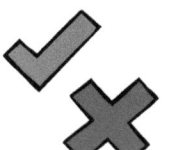

da / ne

igen/nem

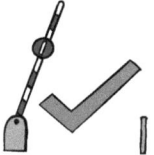

Prav

rendben

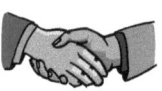

Pozdravljeni

szia

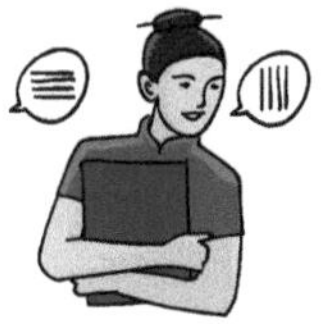

Prevajalec

fordító

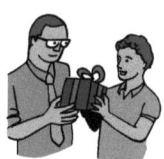

Hvala

köszönöm

Koliko stane…?

mennyibe kerül…?

Ne razumem

nem értem

Težava

probléma

Dober večer!

Jó estét!

Dobro jutro!

jó reggelt!

Lahko noč!

jó éjszakát!

Nasvidenje

viszontlátásra

Smer

útirány

Prtljaga

poggyász

Torba

táska

Nahrbtnik

hátizsák

Gost

vendég

Soba

szoba

Spalna vreča

hálózsák

Šotor

sátor

Turistične informacije

turista információ

Plaža

strand

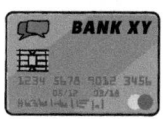

Kreditna kartica

hitelkártya

Zajtrk

reggeli

Kosilo

ebéd

Večerja

vacsora

Vozovnica

jegy

Dvigalo

lift

Znamka

bélyeg

Meja

határ

Carina

vám

Veleposlaništvo

nagykövetség

Vizum

vízum

Potni list

útlevél

Prevoz

közlekedés

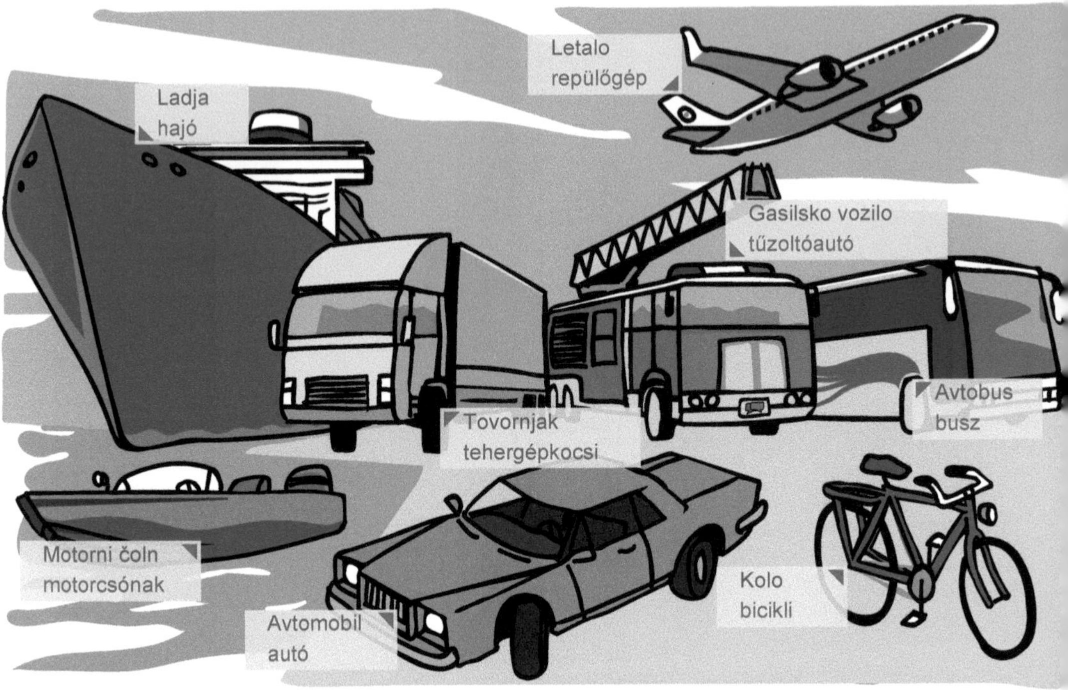
Letalo
repülőgép
Ladja
hajó
Gasilsko vozilo
tűzoltóautó
Avtobus
busz
Tovornjak
tehergépkocsi
Motorni čoln
motorcsónak
Kolo
bicikli
Avtomobil
autó

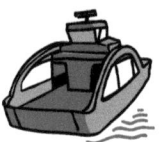

Trajekt
komp

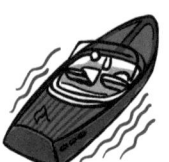

Čoln
csónak

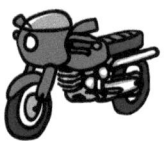

Motorno kolo
motorkerékpár

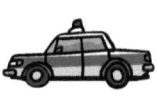

Policijski avto
rendőrautó

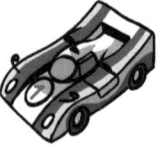

Dirkalni avto
versenyautó

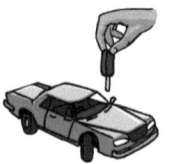

Najeto vozilo
bérautó

Souporaba avtomobila

telekocsi

Avtovleka

vontató

Smetarsko vozilo

szemetes autó

Motor

motor

Gorivo

üzemanyag

Bencinska postaja

benzinkút

Prometni znak

közlekedési tábla

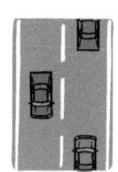

Promet

forgalom

Zastoj

forgalmi dugó

Parkirišče

parkoló

Železniška postaja

vonatállomás

Tirnice

sínek

Vlak

vonat

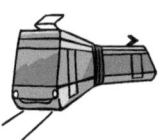

Tramvaj

villamos

Vagon

vagon

Helikopter

helikopter

Letališče

repülőtér

Stolp

torony

Potnik

utas

Kontejner

konténer

Karton

kartondoboz

Voziček

taliga

Košara

kosár

vzleteti / pristati

felszáll / leszáll

Mesto

város

Vas

falu

Mestno jedro

városközpont

Hiša

ház

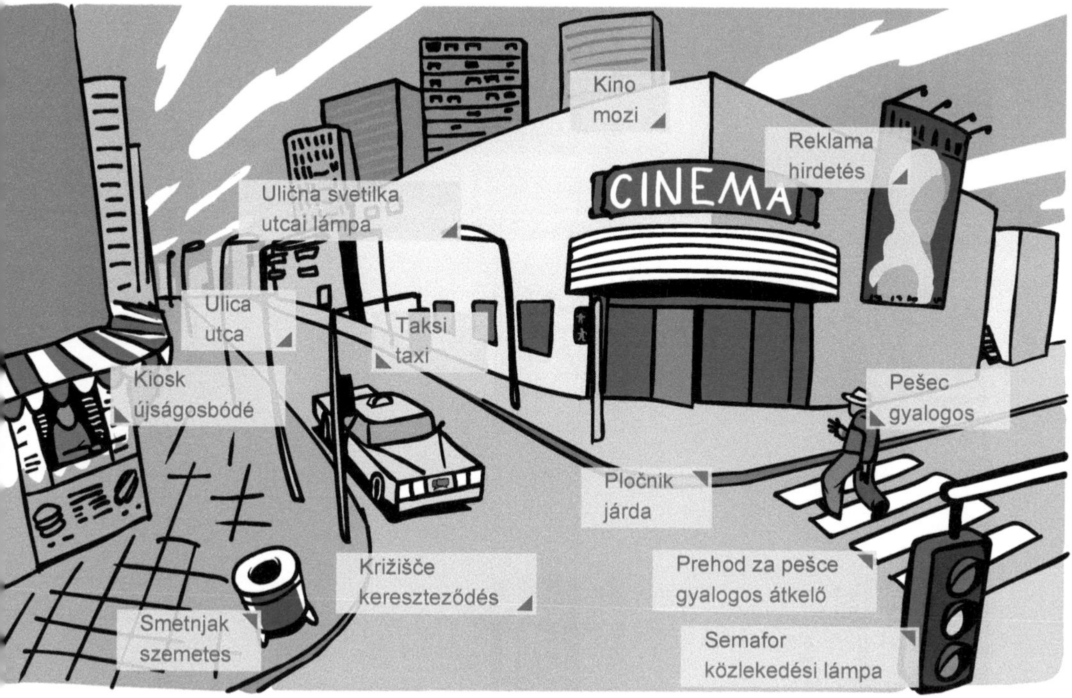

Kino
mozi

Reklama
hirdetés

Ulična svetilka
utcai lámpa

CINEMA

Ulica
utca

Taksi
taxi

Kiosk
újságosbódé

Pešec
gyalogos

Pločnik
járda

Križišče
kereszteződés

Prehod za pešce
gyalogos átkelő

Smetnjak
szemetes

Semafor
közlekedési lámpa

Koča

kunyhó

Stanovanje

lakás

Železniška postaja

vonatállomás

Mestna hiša

városháza

Muzej

múzeum

Šola

iskola

Univerza

egyetem

Banka

bank

Bolnišnica

kórház

Hotel

hotel

Lekarna

gyógyszertár

Pisarna

iroda

Knjigarna

könyvesbolt

Trgovina

üzlet

Cvetličarna

virágüzlet

Supermarket

szupermarket

Tržnica

piac

Veleblagovnica

áruház

Ribarnica

halárus

Nakupovalno središče

bevásárló központ

Pristanišče

kikötő

Park
park

Klop
pad

Most
híd

Stopnice
lépcső

Podzemna železnica
metró

Predor
alagút

Avtobusno postajališče
buszmegálló

Bar
bár

Restavracija
étterem

Poštni nabiralnik
postaláda

Ulična tabla
utcatábla

Parkirna ura
parkoló óra

Živalski vrt
állatkert

Kopališče
uszoda

Mošeja
mecset

Kmetija

gazdálkodás

Onesnaževanje

környezetszennyezés

Pokopališče

temető

Cerkev

templom

Otroško igrišče

játszótér

Tempelj

szentély

Pokrajina
táj

List
levél

Kažipot
útjelző tábla

Pot
út

Travnik
rét

Kamen
kő

Drevo
fa

Pohodnik
túrázó

Reka
folyó

Trava
fű

Cvetlica
virág

Dolina

völgy

Hrib

domb

Jezero

tó

Gozd

erdő

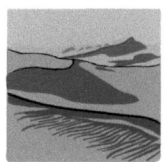

Puščava

sivatag

Vulkan

vulkán

Grad

kastély

Mavrica

szivárvány

Goba

gomba

Palma

pálmafa

Komar

szúnyog

Muha

légy

Mravlja

hangya

Čebela

méhecske

Pajek

pók

Hrošč

bogár

Žaba

béka

Veverica

mókus

Jež

sündisznó

Zajec

nyúl

Sova

bagoly

Ptič

madár

Labod

hattyú

Divji prašič

vaddisznó

Jelen

szarvas

Los

rénszarvas

Jez

gát

Vetrnica

szélturbina

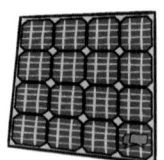

Solarna plošča

napelem

Podnebje

éghajlat

Restavracija
étterem

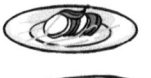

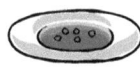

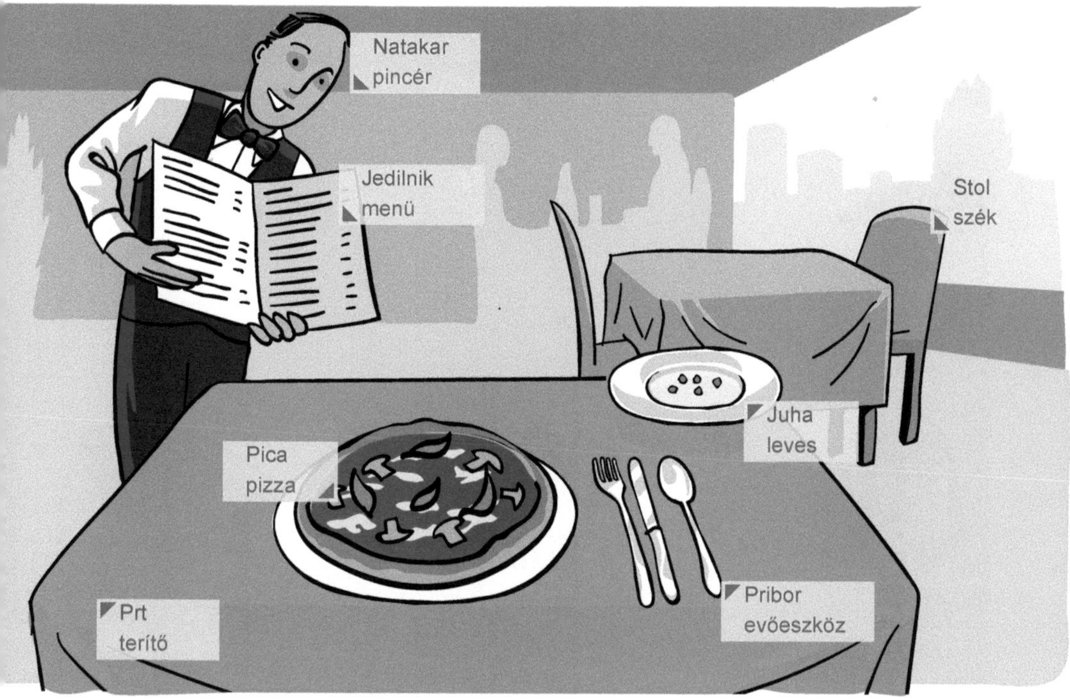
Natakar
pincér
Jedilnik
menü
Stol
szék
Juha
leves
Pica
pizza
Pribor
evőeszköz
Prt
terítő

Predjed

előétel

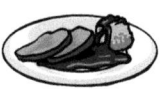

Glavna jed

főétel

Sladica

desszert

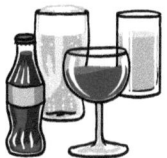

Pijače

italok

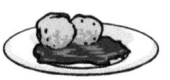

Hrana

étel

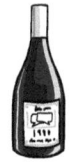

Steklenica

üveg

Hitra hrana

gyorsétel

Ulična hrana

gyorsétel

Čajnik

teás kanna

Sladkornica

cukortartó

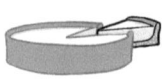

Porcija

adag

Aparat za espresso

eszpresszógép

Stolček za hranjenje

bárszék

Račun

számla

Pladenj

tálca

Nož

kés

Vilica

villa

Žlica

kanál

Čajna žlička

teáskanál

Servieta

szalvéta

Kozarec

pohár

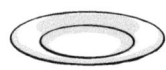

Krožnik

tányér

Globoki krožnik

leveses tányér

Krožniček

csészealj

Omaka

szósz

Solnica

sószóró

Mlinček za poper

borsőrlő

Kis

ecet

Olje

étkezési olaj

Začimbe

fűszerek

Kečap

ketchup

Gorčica

mustár

Majoneza

majonéz

Supermarket
szupermarket

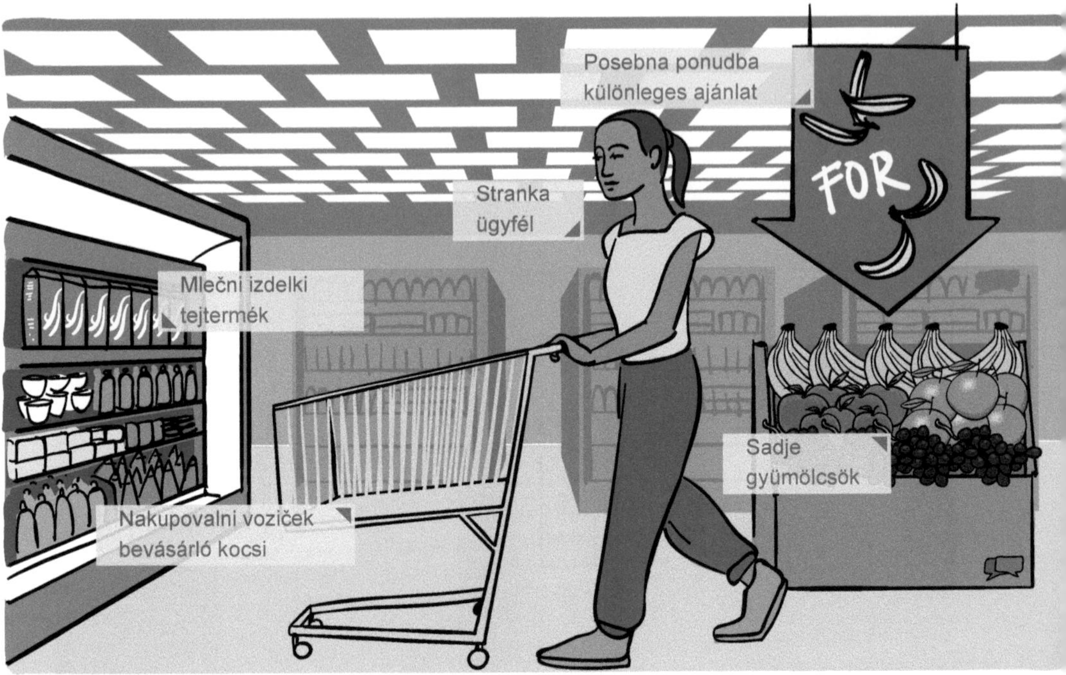

Posebna ponudba
kűlönleges ajánlat

Stranka
ügyfél

Mlečni izdelki
tejtermék

Nakupovalni vozíček
bevásárló kocsi

Sadje
gyümölcsök

FOR

Mesnica	Pekarna	Tehtati
hentes	pékség	nyom valamennyit
	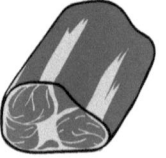	
Zelenjava	Meso	Zamrznjena hrana
zöldség	hús	fagyasztott áru

Hladne mesnine

felvágott

Konzerve

konzerv

Pralni prašek

mosópor

Sladkarije

édességek

Gospodinjski izdelki

háztartási termék

Čistilno sredstvo

tisztítószerek

Prodajalka

eladó

Blagajna

pénztárgép

Blagajnik

eladó

Nakupovalni seznam

bevásárló lista

Delovni čas

nyitva tartás

Denarnica

levéltárca

Kreditna kartica

hitelkártya

Torba

zacskó

Plastična vrečka

műanyag zacskó

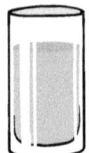

Voda

víz

Sok

gyümölcslé

Mleko

tej

Kola

kóla

Vino

bor

Pivo

sör

Alkohol

alkohol

Kakav

kakaó

Čaj

tea

Kava

kávé

Espresso

eszpresszó

Kapučino

kapucsínó

Banana

banán

Jabolko

alma

Pomaranča

narancs

Lubenica

sárgadinnye

Limona

citrom

Korenje

sárgarépa

Česen

fokhagyma

Bambus

bambusz

Čebula

hagyma

Goba

gomba

Oreščki

magvak

Rezanci

nokedli

Špageti

spagetti

Riž

rizs

Solata

saláta

Ocvrt krompirček

sült krumpli

Pečen krompir

sült burgonya

Pica

pizza

Hamburger

hamburger

Sendvič

szendvics

Zrezek

hússzelet

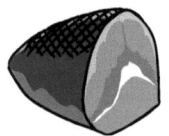

Šunka

sonka

Salama

szalámi

Klobasa

kolbász

Piščanec

csirke

Pečenka

pecsenye

Riba

hal

Ovseni kosmiči

zabkása

Musli

müzli

Koruzni kosmiči

kukoricapehely

Moka

liszt

Rogljiček

croissant

Žemlja

zsemle

Kruh

kenyér

Prepečenec

pirítós kenyér

Piškoti

keksz

Maslo

vaj

Skuta

túró

Torta

sütemény

Jajce

tojás

Pečeno jajce na oko

tükörtojás

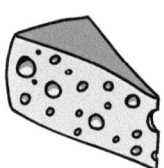

Sir

sajt

Sladoled

jégkrém

Sladkor

cukor

Med

méz

Marmelada

lekvár

Čokoladni namaz

mogyorókrém

Kari

curry

Kmetija
gazdálkodás

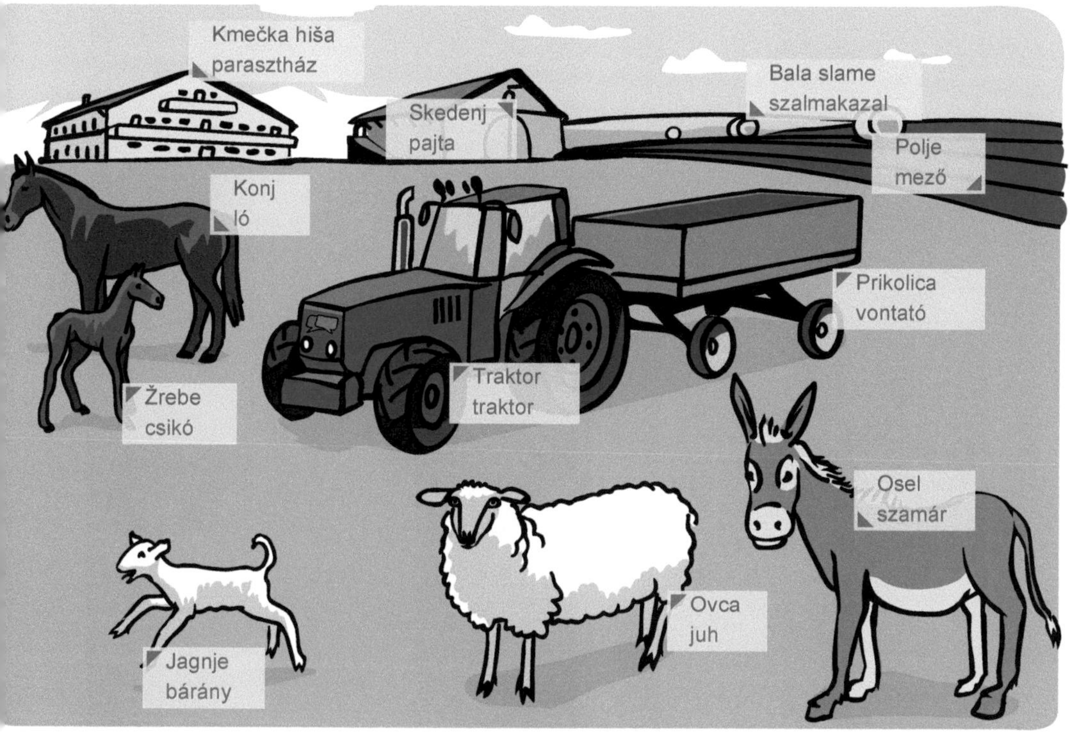
Kmečka hiša
parasztház
Skedenj
pajta
Bala slame
szalmakazal
Polje
mező
Konj
ló
Prikolica
vontató
Traktor
traktor
Žrebe
csikó
Osel
szamár
Ovca
juh
Jagnje
bárány

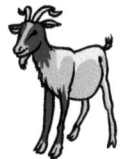

Koza

kecske

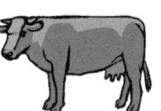

Krava

tehén

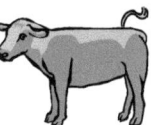

Tele

borjú

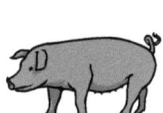

Prašič

malac

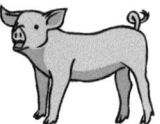

Pujsek

kismalac

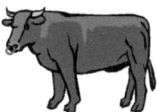

Bik

bika

Gos

liba

Raca

kacsa

Piščanec

csibe

Kokoš

tojó

Petelin

kakas

Podgana

patkány

Mačka

macska

Miš

egér

Vol

ökör

Pes

kutya

Pasja uta

kutyaház

Cev za zalivanje

kerti öntözőcső

Kangla za zalivanje

öntözőkanna

Kosa

kasza

Plug

eke

Srp

sarló

Motika

kapa

Vile

vasvilla

Sekira

fejsze

Samokolnica

talicska

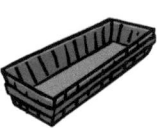

Korito

teknő

Kangla za mleko

tejes kancsó

Vreča

zsák

Ograja

kerítés

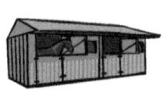

Hlev

istálló

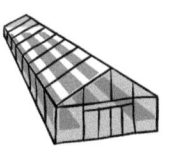

Rastlinjak

üvegház

Prst

talaj

Seme

vetőmag

Gnojilo

trágya

Kombajn

cséplőgép

Žeti

szüretelni

Žetev

betakarítás

Jam

yamgyökér

Pšenica

búza

Soja

szója

Krompir

burgonya

Koruza

kukorica

Oljna ogrščica

repcemag

Sadno drevo

gyümölcsfa

Maniok

manióka

Žito

gabona

Hiša
ház

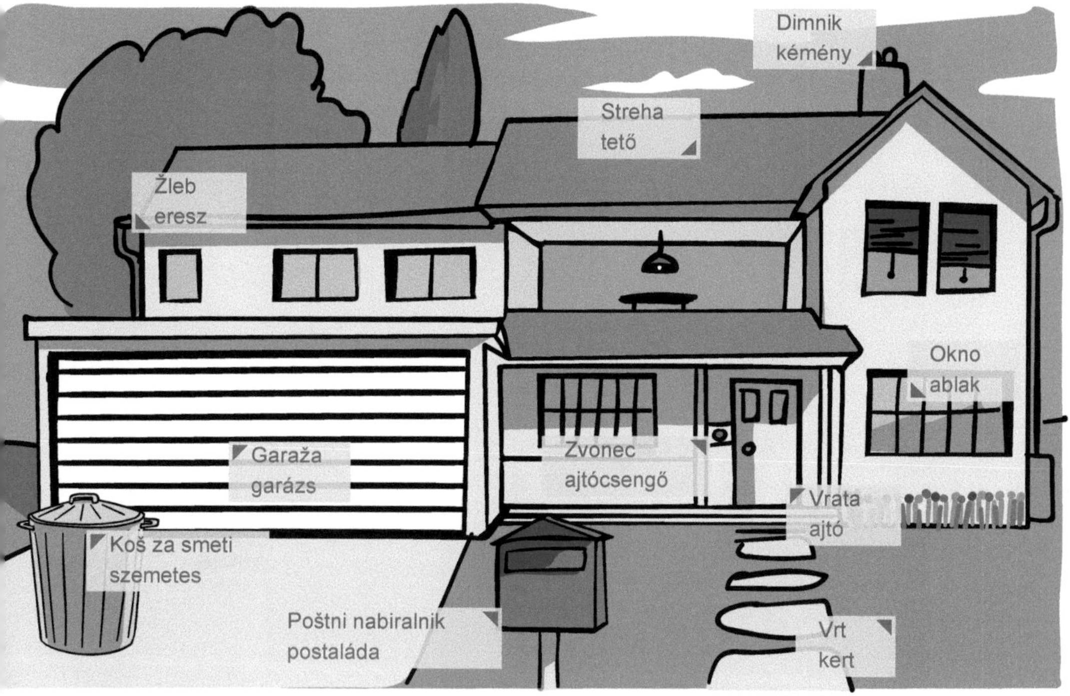
Dimnik
kémény
Streha
tető
Žleb
eresz
Okno
ablak
Garaža
garázs
Zvonec
ajtócsengő
Vrata
ajtó
Koš za smeti
szemetes
Poštni nabiralnik
postaláda
Vrt
kert

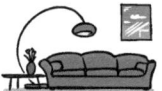

Dnevna soba

nappali

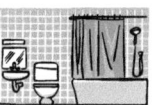

Kopalnica

fürdőszoba

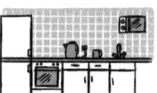

Kuhinja

konyha

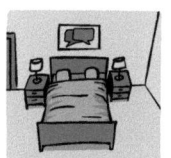

Spalnica

hálószoba

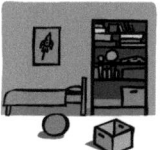

Otroška soba

gyerekszoba

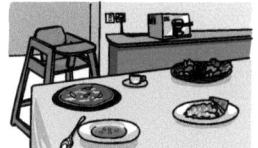

Jedilnica

ebédlő

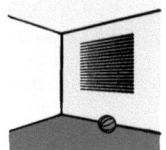

Tla
padló

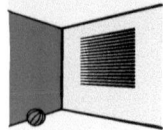

Stena
fal

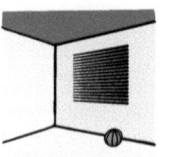

Strop
plafon

Klet
pince

Savna
szauna

Balkon
erkély

Terasa
terasz

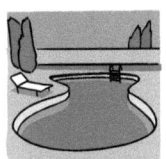

Bazen
medence

Kosilnica
fűnyíró

Rjuha
lepedő

Posteljno pregrinjalo
ágytakaró

Postelja
ágy

Metla
seprű

Vedro
vödör

Stikalo
kapcsoló

Dnevna soba
nappali

Tapeta
tapéta
Slika
kép
Svetilka
lámpa
Polica
polc
Omara
szekrény
Televizor
televízió
Kamin
kandalló
Cvetlica
virág
Blazina
párna
Zofa
kanapé
Vaza
váza
Daljinski upravljalnik
távirányító

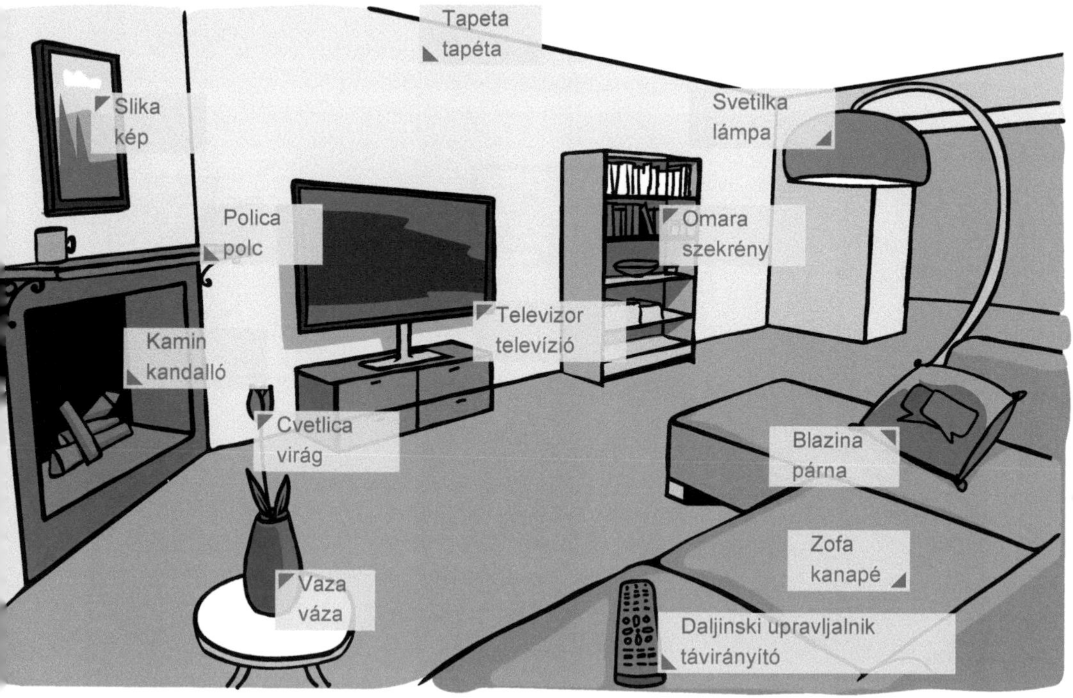

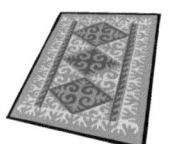

Preproga

szőnyeg

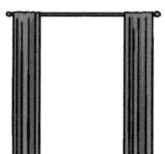

Zavesa

függöny

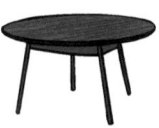

Miza

asztal

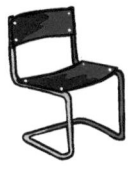

Stol

szék

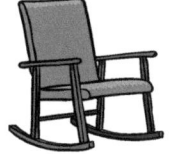

Gugalnik

hintaszék

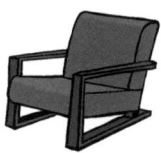

Naslanjač

karosszék

Knjiga

könyv

Odeja

takaró

Dekoracija

dekoráció

Drva

tűzifa

Film

film

Glasbeni stolp

hifi

Ključ

kulcs

Časopis

újság

Slika

festmény

Plakat

poszter

Radio

rádió

Beležka

jegyzetfüzet

Sesalnik

porszívó

Kaktus

kaktusz

Sveča

gyertya

Kuhinja
konyha

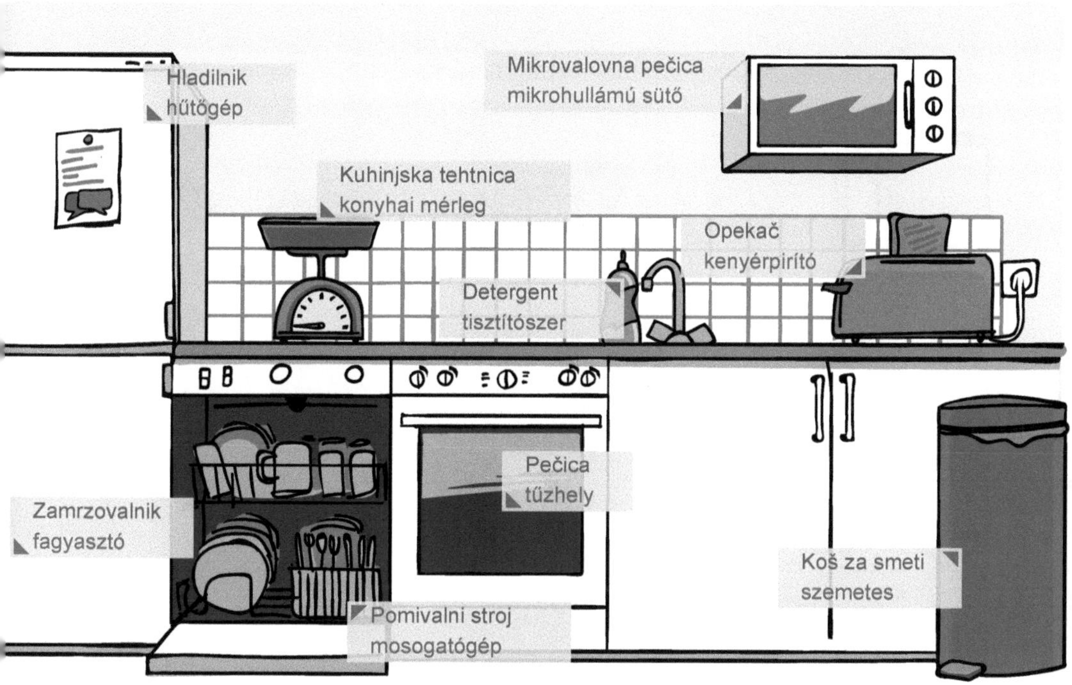
Hladilnik
hűtőgép
Mikrovalovna pečica
mikrohullámú sütő
Kuhinjska tehtnica
konyhai mérleg
Opekač
kenyérpirító
Detergent
tisztítószer
Pečica
tűzhely
Zamrzovalnik
fagyasztó
Koš za smeti
szemetes
Pomivalni stroj
mosogatógép

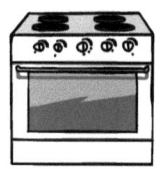

Kozica

tűzhely

Lonec

edény

Litoželezni lonec

vasfazék

Vok / kadai

wok / kadai

Ponev

serpenyő

Kotliček

vízforraló

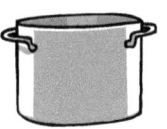

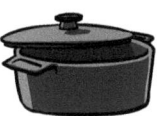

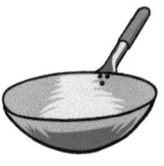

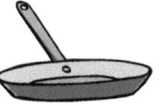

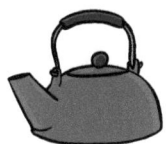

Parni kuhalnik

pároló

Pekač

tepsi

Posoda

étkészlet

Skodelica

bögre

Skleda

tálka

Jedilne paličice

evőpálcika

Zajemalka

merőkanál

Lopatica

keverőlapátka

Metlica

habverő

Cedilnik

szűrő

Cedilo

szita

Strgalo

reszelő

Možnar

mozsár

Žar

grillsütő

Ognjišče

kandalló

Deska za rezanje

vágódeszka

Valjar

sodrófa

Odpirač za steklenice

dugóhúzó

Pločevinka

doboz

Odpirač za konzerve

konzervnyitó

Prijemalka za posodo

edényfogó

Korito

mosogató

Ščetka

kefe

Goba

szivacs

Mešalnik

turmixgép

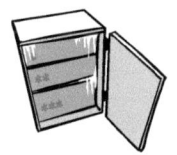

Zamrzovalna skrinja

mélyhűtő

Steklenička

cumisüveg

Pipa

csap

Kopalnica
fürdőszoba

Ogrevanje
fűtés
Brisača
törölköző
Prha
zuhany
Zavesa za prho
zuhanyfüggöny
Peneča kopel
habfürdő
Kopalna kad
kád
Kozarec
pohár
Pralni stroj
mosógép
Pipa
csap
Ploščice
csempe
Kahlica
bili
Korito
mosogató

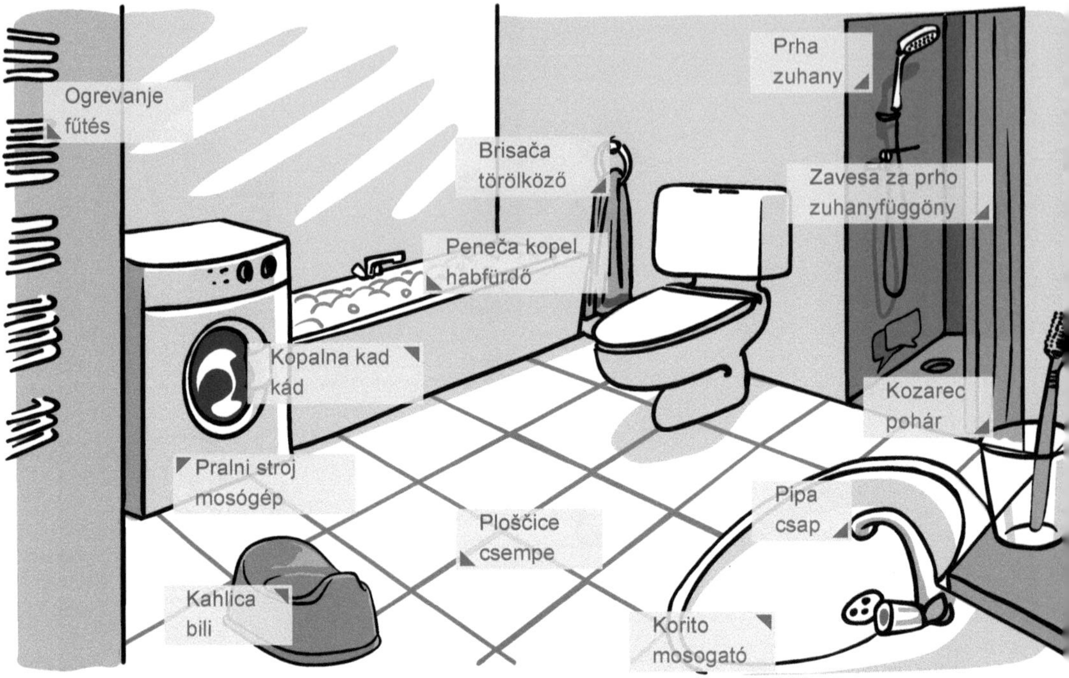

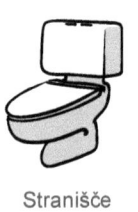

Stranišče

toalett

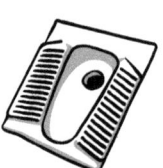

Stranišče na počep

guggolós toalett

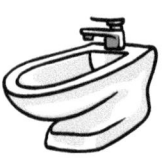

Bide

bidé

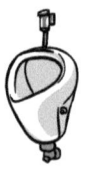

Pisoar

piszoár

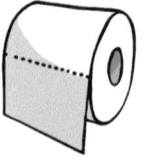

Toaletni papir

toalett papír

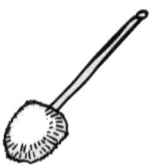

Ščetka za straniščno školjko

wc kefe

Zobna ščetka

fogkefe

Zobna pasta

fogkrém

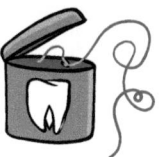

Zobna nitka

fogselyem

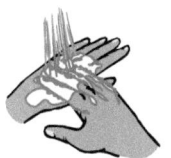

Umiti se

mosni

Ročna prha

kézi zuhany

Prha za intimne dele

intimzuhany

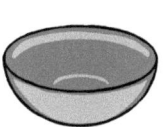

Umivalnik

mosdótál

Krtača za hrbet

hátmosó kefe

Milo

szappan

Gel za prhanje

tusfürdő

Šampon

sampon

Krpica za miljenje

mosdókesztyű

Odtok

lefolyó

Krema

krém

Deodorant

dezodor

Kopalnica - fürdőszoba

Ogledalo

tükör

Ročno ogledalo

kézitükör

Britvica

borotva

Pena za britje

borotvahab

Vodica po britju

borotválkozás utáni
arcszesz

Glavnik

fésű

Ščetka

hajkefe

Sušilnik za lase

hajszárító

Lak za lase

hajlakk

Ličila

smink

Šminka

ajakrúzs

Lak za nohte

körömlakk

Vatirane blazinice

vatta

Škarjice za nohte

körömvágó olló

Parfum

parfüm

Toaletna torbica

neszesszer

Stol brez naslonjala

sámli

Osebna tehtnica

mérleg

Kopalni plašč

köntös

Gumijaste rokavice

gumikesztyü

Tampon

tampon

Damski vložki

egészségügyi betét

Kemično stranišče

vegyi WC

Otroška soba
gyerekszoba

Budilka
ébresztő óra
Plišasta igrača
plüssállat
Avtomobilček
játékautó
Ropotuljica
csörgő
Hiška za punčke
babaház
Darilo
ajándék

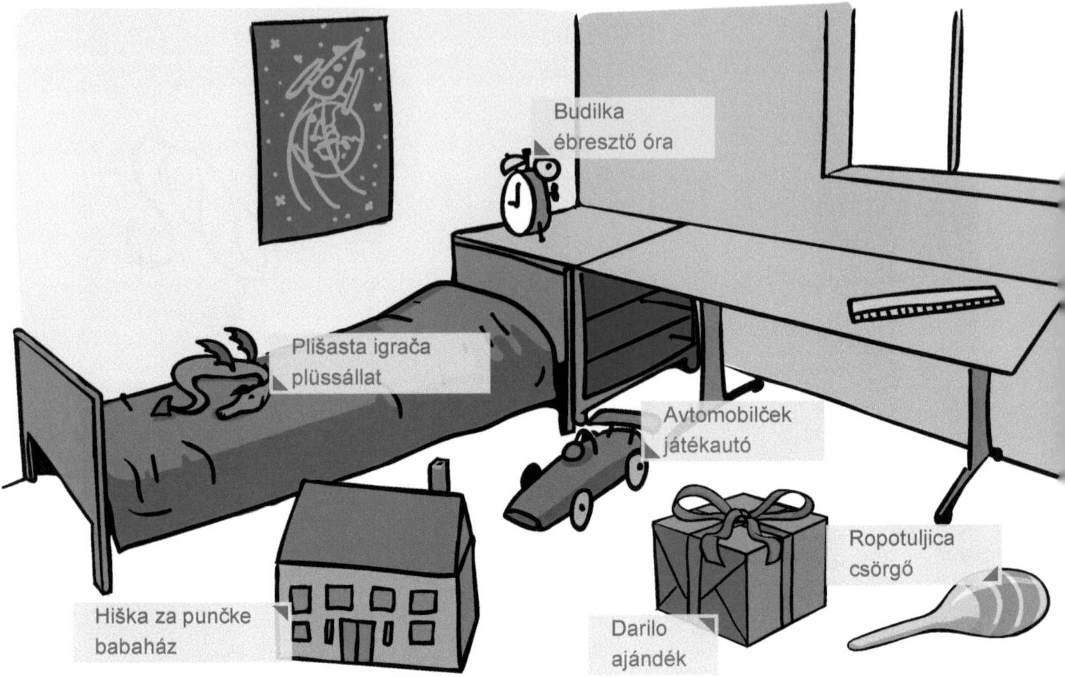

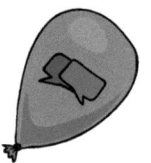

Balon

lufi

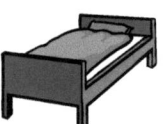

Postelja

ágy

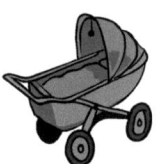

Otroški voziček

babakocsi

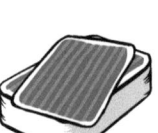

Igralne karte

kártyapakli

Sestavljanka

kirakós játék

SUPER
MEGA

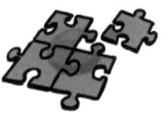

Strip

képregény

Lego kocke

építőkockák

Igralne kocke

építőelem

Akcijska figura

szuperhős

Bodi

rugdalózó

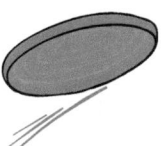

Frizbi

frizbi

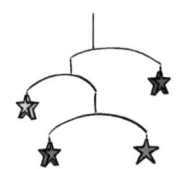

Vrtiljak za posteljico

zenélő forgó

Namizna igra

társasjáték

Kocka

kocka

Komplet modelov vlakov

modellvasút

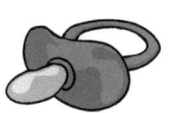

Duda

cumi

Zabava

zsúr

Slikanica

képeskönyv

Žoga

labda

Lutka

baba

Igrati se

játszani

Peskovnik

homokozó

Gugalnica

hinta

Igrače

játékok

Igralna konzola

videójáték konzol

Tricikel

tricikli

Plišasti medvedek

teddi maci

Garderoba

ruhásszekrény

Oblačilo

ruházat

Nogavice

zokni

Samostoječe nogavice

harisnya

Hlačne nogavice

harisnyanadrág

Šal
sál

Pas
öv

Dežnik
esernyő

Majica s kratkimi rokavi
póló

Športni copati
tornacipő

Škornji
csizma

Copati
papucs

Sandali
....
szandál

Čevlji
....
cipő

Gumijasti škornji
....
gumicsizma

Spodnje hlače
....
alsónadrág

Modrček
....
melltartó

Telovnik
....
mellény

Oblačilo - ruházat   45

Bodi
body

Hlače
nadrág

Kavbojke
farmer

Krilo
szoknya

Bluza
blúz

Srajca
ing

Pulover
pulóver

Pletena jopica
kapucnis pulóver

Jopa
blézer

Jakna
dzseki

Plašč
kabát

Dežni plašč
esőkabát

Kostim
kosztüm

Obleka
ruha

Poročna obleka
esküvői ruha

Obleka

öltöny

Spalna srajca

hálóing

Pižama

pizsama

Sari

szári

Naglavna ruta

fejkendő

Turban

turbán

Burka

burka

Kaftan

kaftán

Abaja

abaya

Kopalke

fürdőruha

Kopalne hlače

fürdőnadrág

Kratke hlače

rövidnadrág

Trenirka

tréningruha

Predpasnik

kötény

Rokavice

kesztyű

Gumb

gomb

Očala

szemüveg

Zapestnica

karkötő

Verižica

nyaklánc

Prstan

gyűrű

Uhan

fülbevaló

Kapa

sapka

Obešalnik

vállfa

Klobuk

kalap

Kravata

nyakkendő

Zadrga

cipzár

Čelada

bukósisak

Naramnice

nadrágtartó

Šolska uniforma

iskolai egyenruha

Uniforma

egyenruha

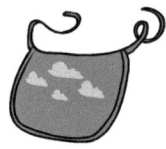

Slinček

előke

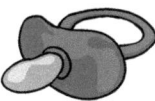

Duda

cumi

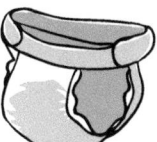

Plenica

pelenka

Pisarna
iroda

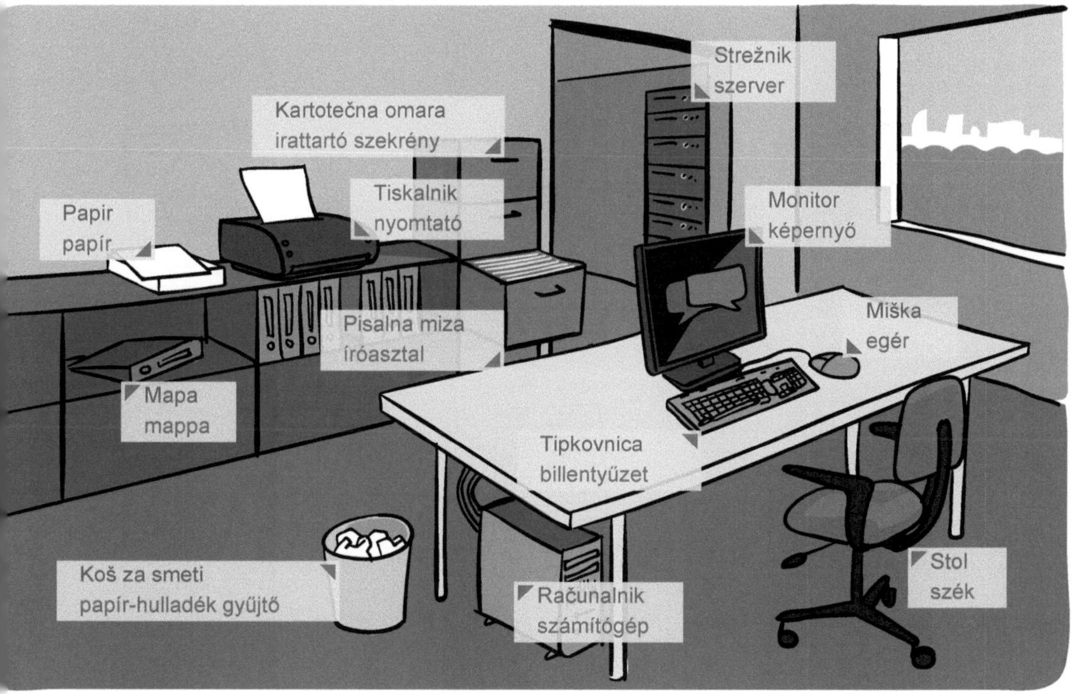
Strežnik
szerver
Kartotečna omara
irattartó szekrény
Tiskalnik
nyomtató
Papir
papír
Monitor
képernyő
Miška
egér
Pisalna miza
íróasztal
Mapa
mappa
Tipkovnica
billentyűzet
Koš za smeti
papír-hulladék gyűjtő
Računalnik
számítógép
Stol
szék

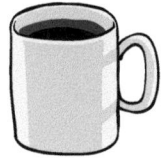

Lonček za kavo

kávéscsésze

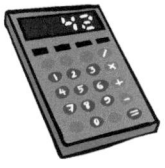

Kalkulator

számológép

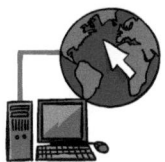

Internet

internet

Prenosnik

laptop

Pismo

levél

Sporočilo

üzenet

Mobilnik

mobiltelefon

Omrežje

hálózat

Kopirni stroj

fénymásoló

Programska oprema

szoftver

Telefon

telefon

Vtičnica

konnektor

Telefaks

faxgép

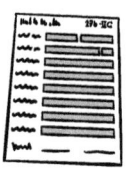

Obrazec

formanyomtatvány

Dokument

dokumentum

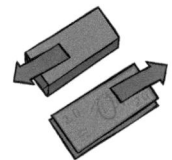

Kupiti

venni

Plačati

fizetni

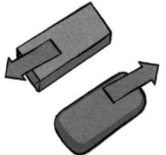

Trgovati

kereskedni

Denar

pénz

Dolar

dollár

Evro

euró

Jen

jen

Rubelj

rubel

Švičarski frank

svájci frank

Kitajski juan renminbi

kínai jüan

Rupija

rúpia

Bankomat

bankautomata

Menjalnica

valutaváltó iroda

Zlato

arany

Srebro

ezüst

Nafta

olaj

Energija

energia

Cena

ár

Pogodba

szerződés

Davek

adó

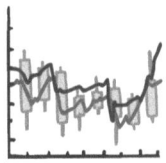

Delnice

részvény

Delati

dolgozni

Delojemalec

munkavállaló

Delodajalec

munkaadó

Tovarna

gyár

Trgovina

üzlet

Poklici
foglalkozások

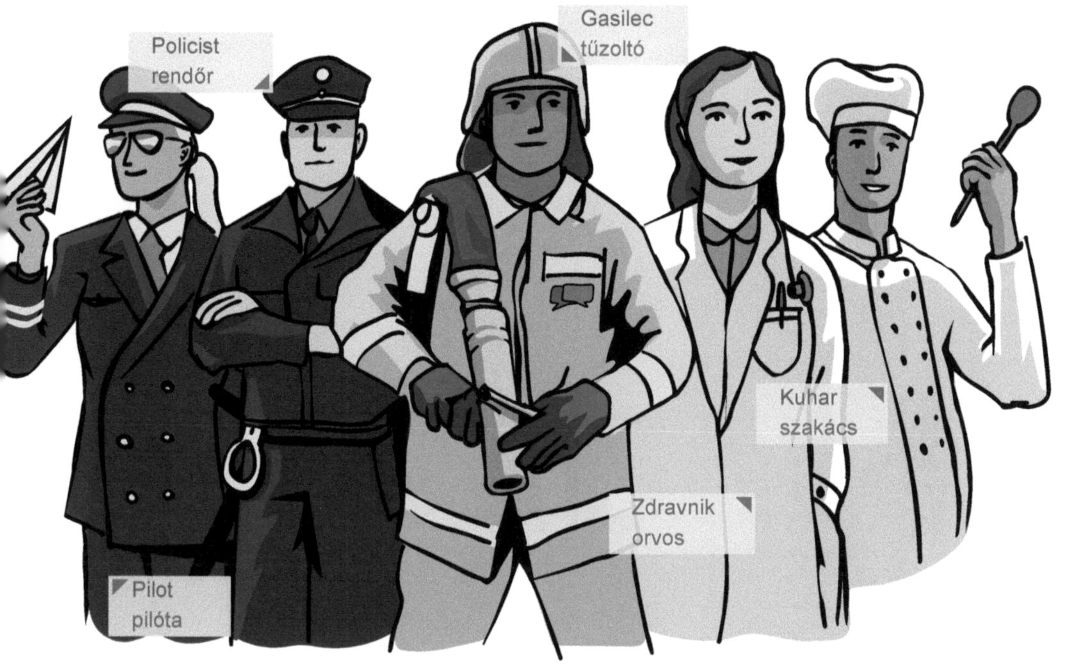

Policist
rendőr
Gasilec
tűzoltó
Kuhar
szakács
Zdravnik
orvos
Pilot
pilóta

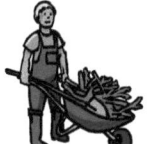

Vrtnar

kertész

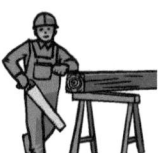

Mizar

kárpitos

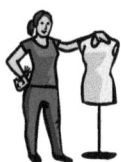

Šivilja

varrónő

Sodnik

bíró

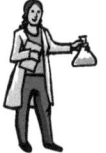

Kemik

vegyész

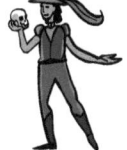

Igralec

színész

Voznik avtobusa

buszsofőr

Taksist

taxisofőr

Ribič

halász

Čistilka

bejárónő

Krovec

tetőfedő

Natakar

pincér

Lovec

vadász

Pleskar

festő

Pek

pék

Električar

villanyszerelő

Gradbenik

építőmunkás

Inženir

mérnök

Mesar

hentes

Vodovodni inštalater

vízvezeték-szerelő

Poštar

postás

Vojak

katona

Arhitekt

építész

Blagajnik

eladó

Cvetličar

virágos

Frizer

fodrász

Sprevodnik

kalauz

Mehanik

műszerész

Kapitan

kapitány

Zobozdravnik

fogorvos

Znanstvenik

tudós

Rabin

rabbi

Imam

imám

Menih

szerzetes

Duhovnik

lelkész

Orodje
szerszámok

Kladivo
kalapács
Klešče
fogó
Izvijač
csavarhúzó
Vijačni ključ
csavarkulcs
Žepna svetilka
elemlámpa

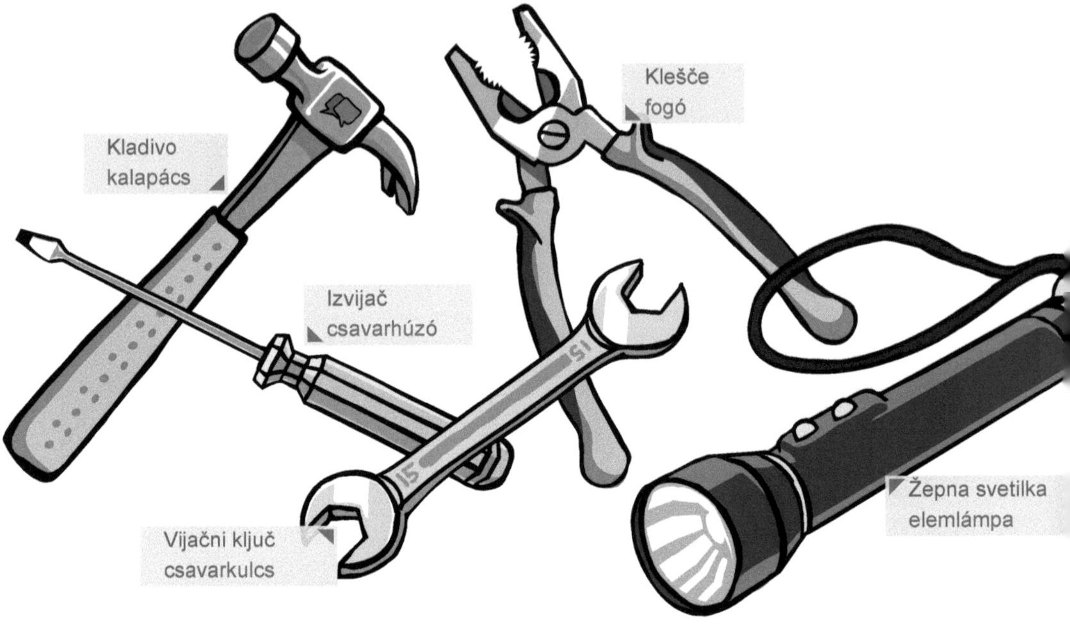

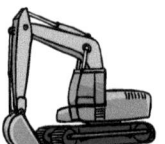

Bager markológép	Zaboj z orodjem szerszámosláda	Lestev vödör
Žaga fűrész	Žeblji szög	Vrtalnik fúrógép

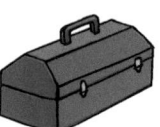

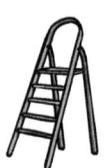

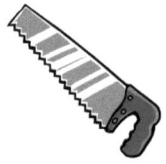

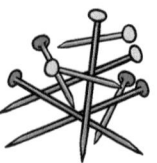

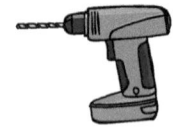

Popraviti

megjavítani

Lopata

lapát

Šment!

A francba!

Smetišnica

szemétlapát

Posoda z barvo

festékesdoboz

Vijaki

csavar

Glasbeni instrument
hangszerek

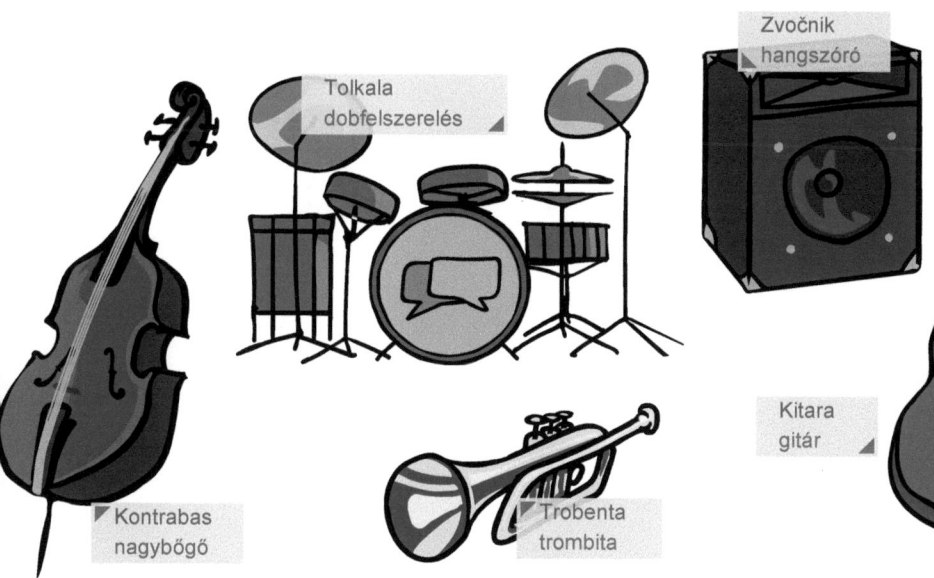

Tolkala
dobfelszerelés

Zvočnik
hangszóró

Kitara
gitár

Kontrabas
nagybőgő

Trobenta
trombita

Klavir

zongora

Violina

hegedű

Bas kitara

basszusgitár

Pavke

üstdob

Bobni

dobok

Sintetizator

digitális zongora

Saksofon

szaxofon

Flavta

fuvola

Mikrofon

mikrofon

Živalski vrt
állatkert

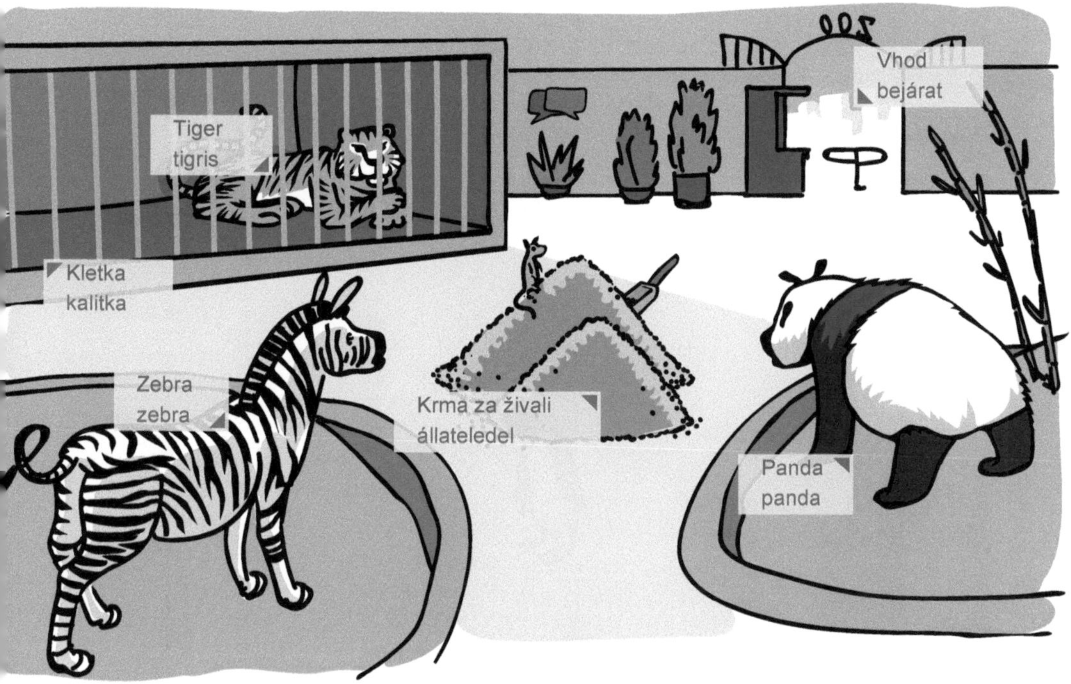
Tiger
tigris
Vhod
bejárat
Kletka
kalitka
Zebra
zebra
Krma za živali
állateledel
Panda
panda

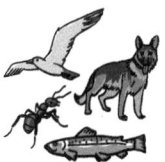

Živali

állatok

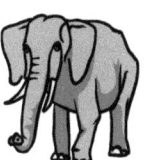

Slon

elefánt

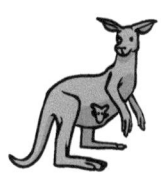

Kenguru

kenguru

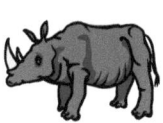

Nosorog

orrszarvú

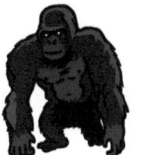

Gorila

gorilla

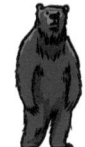

Medved

medve

Kamela

teve

Noj

strucc

Lev

oroszlán

Opica

majom

Plamenec

flamingó

Papagaj

papagáj

Severni medved

jegesmedve

Pingvin

pingvin

Morski pes

cápa

Pav

páva

Kača

kígyó

Krokodil

krokodil

Oskrbnik v živalskem vrtu

állatgondozó

Tjulenj

fóka

Jaguar

jaguár

Poni

póniló

Leopard

leopárd

Povodni konj

víziló

Žirafa

zsiráf

Orel

sas

Divji prašič

vaddisznó

Riba

hal

Želva

teknős

Mrož

rozmár

Lisica

róka

Gazela

gazella

Ameriški nogomet
amerikai futball

Kolesarjenje
kerékpározás

Tenis
tenisz

Košarka
kosárlabda

Plavanje
úszás

Boks
boksz

Hokej
jégkorong

Nogomet

futball

Badminton

tollas

Atletika

atlétika

Rokomet

kézilabda

Smučanje

síelés

Polo

lovaspóló

Dejavnosti
tevékenységek

Smejati se
nevetni
Skočiti
ugrani
Objeti
ölelni
Hoditi
sétálni
Peti
énekelni
Sanjati
álmodni
Moliti
dicsérni
Poljubiti
csókolni

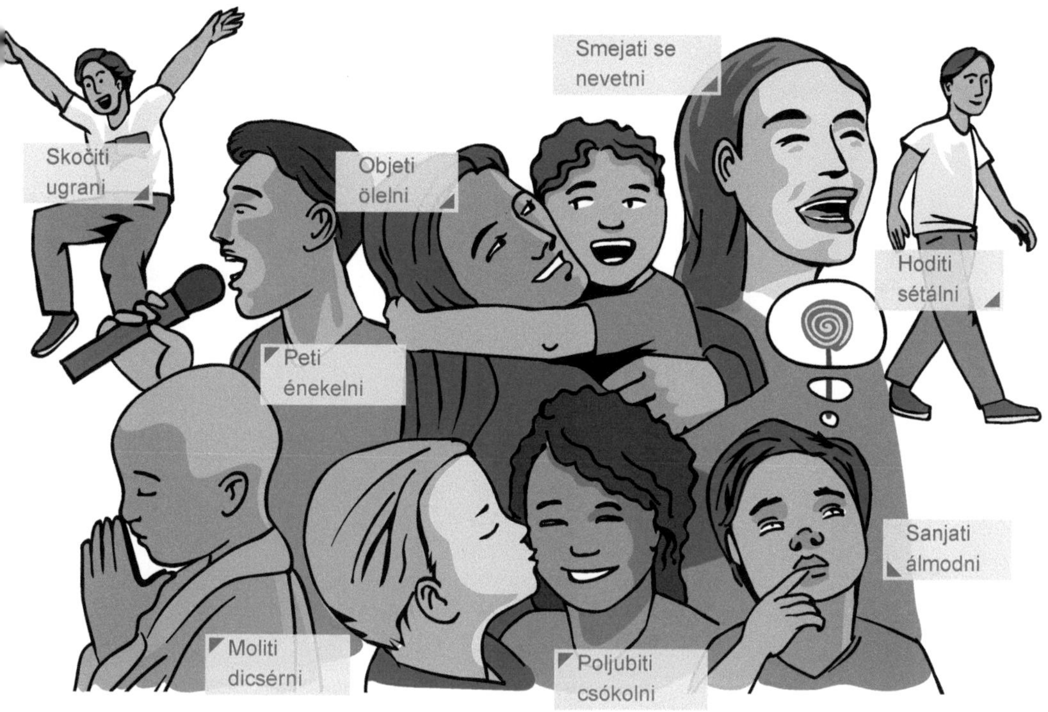

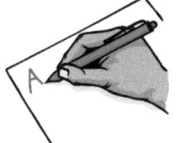

Pisati

írni

Risati

rajzolni

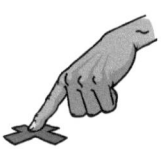

Pokazati

mutatni

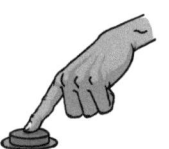

Potisniti

tolni

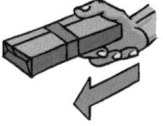

Dati

adni

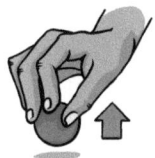

Vzeti

vinni

Imeti

birtokolni

Narediti

csinálni

Biti

lenni

Stati

állni

Teči

futni

Vleči

húzni

Vreči

hajít

Pasti

esni

Ležati

hazudni

Čakati

várni

Nositi

vinni

Sedeti

ülni

Obleči se

felvenni

Spati

aludni

Zbuditi se

felébredni

Gledati

ránézni

Jokati

sírni

Božati

simogat

Česati se

fésülni

Govoriti

beszélni

Razumeti

megérteni

Vprašati

kérdezni

Poslušati

hallgatni

Piti

inni

Jesti

enni

Pospraviti

takarítani

Ljubiti

szeretni

Kuhati

főzni

Voziti

vezetni

Leteti

szállni

Jadrati

vitorlázni

Računanje

számol

Brati

olvasni

Učiti se

tanulni

Delati

dolgozni

Poročiti se

házasodni

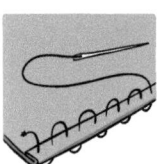

Šivati

varrni

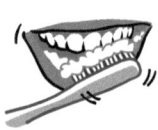

Ščetkati si zobe

fogat mosni

Ubiti

ölni

Kaditi

dohányozni

Poslati

küldeni

Družina
család

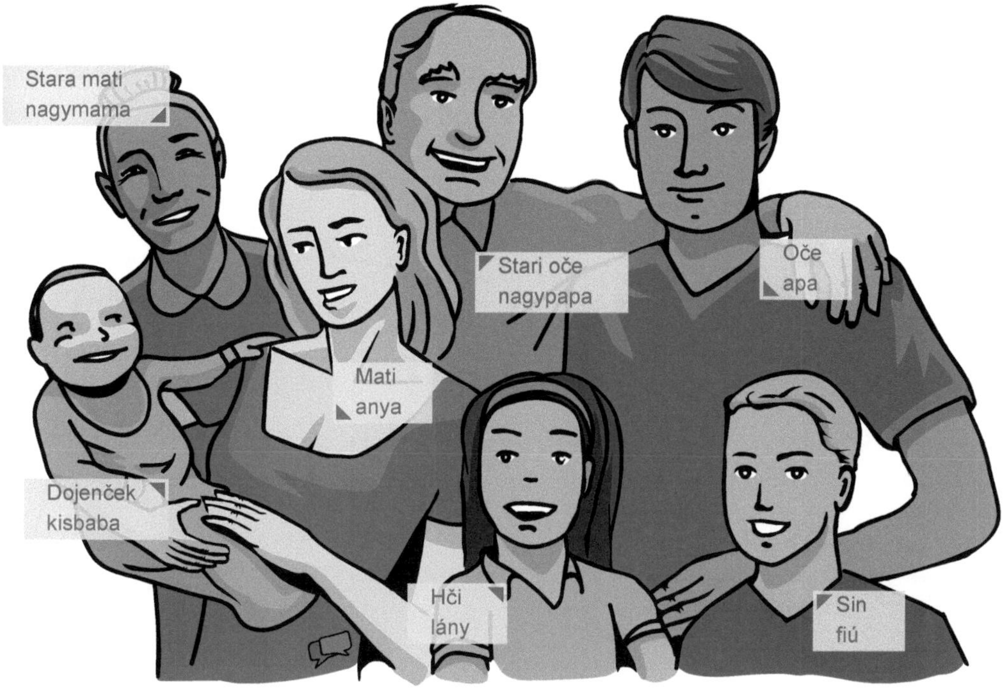
Stara mati
nagymama
Stari oče
nagypapa
Oče
apa
Mati
anya
Dojenček
kisbaba
Hči
lány
Sin
fiú

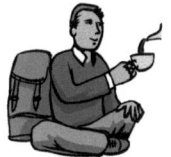

Gost
vendég

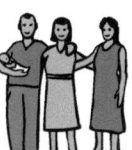

Teta
nagynéni

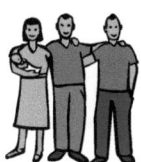

Stric
nagybácsi

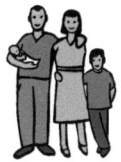

Brat
fiútestvér

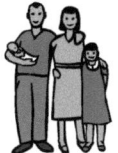

Sestra
lánytestvér

Telo
test

Čelo
homlok
Oko
szem
Rama
váll
Prst
ujj
Obraz
arc
Brada
áll
Dlan
kéz
Noga
láb
Prsi
mell
Roka
kar

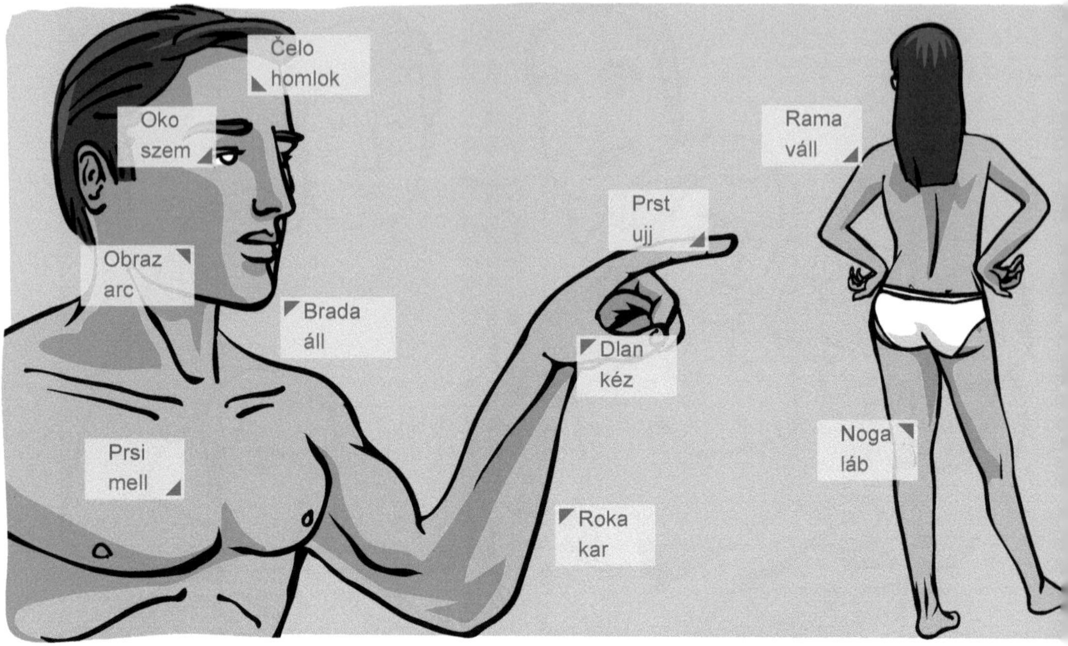

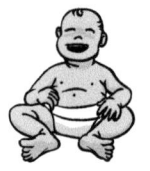

Dojenček

kisbaba

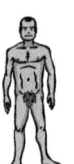

Človek

ember

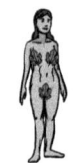

Ženska

nő

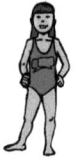

Dekle

lány

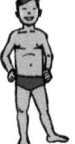

Fant

fiú

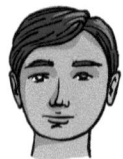

Glava

fej

Hrbet

hát

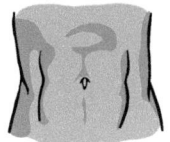

Trebuh

has

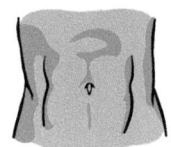

Popek

köldök

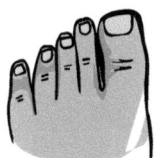

Prst na nogi

lábujj

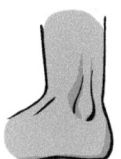

Peta

sarok

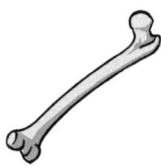

Kost

csont

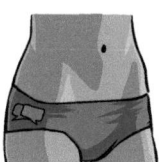

Kolk

csípő

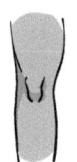

Koleno

térd

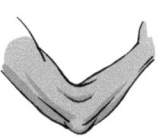

Komolec

könyök

Nos

orr

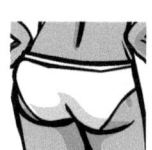

Zadnjica

fenék

Koža

bőr

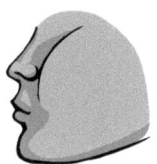

Lice

orca

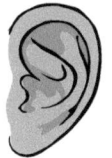

Uho

fül

Ustnica

ajak

Usta

száj

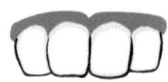

Zob

fog

Jezik

nyelv

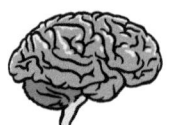

Možgani

agy

Srce

szív

Mišica

izom

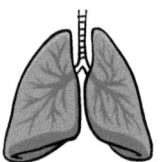

Pljuča

tüdö

Jetra

máj

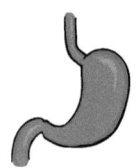

Želodec

gyomor

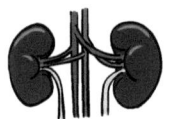

Ledvice

vese

Spolni odnos

szex

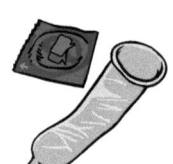

Kondom

kondom

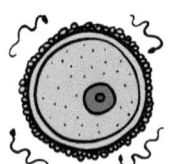

Jajčece

petesejt

Semenska tekočina

sperma

Nosečnost

terhesség

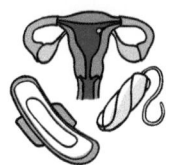

Menstruacija

menstruáció

Vagina

vagina

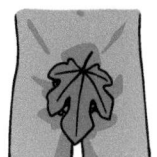

Penis

pénisz

Obrv

szemöldök

Lasje

haj

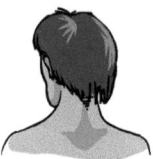

Vrat

nyak

Bolnišnica
kórház

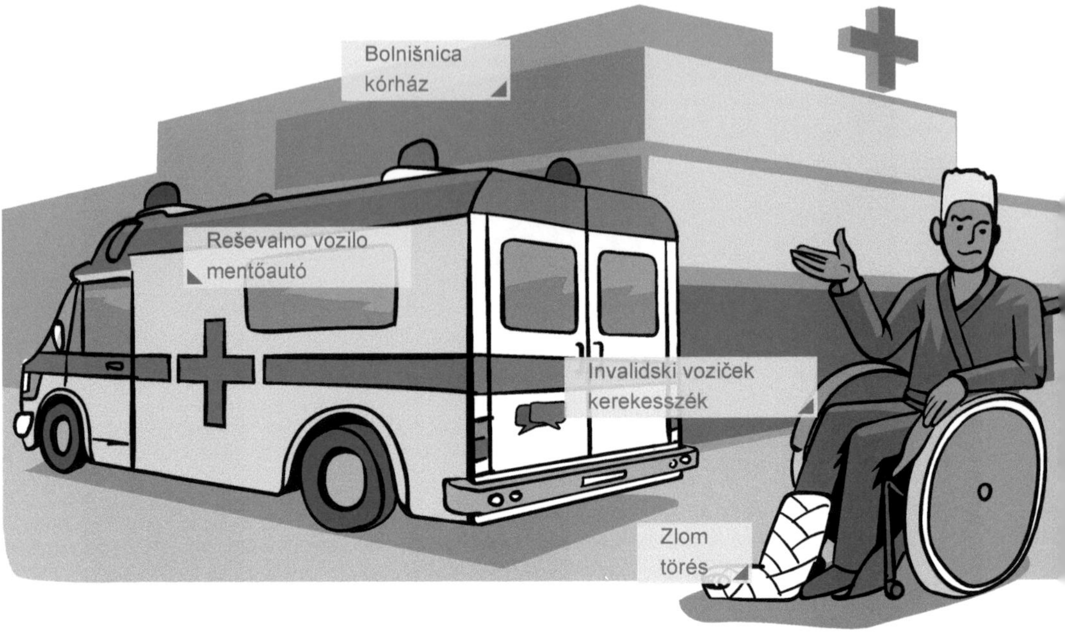

Bolnišnica
kórház
Reševalno vozilo
mentőautó
Invalidski voziček
kerekesszék
Zlom
törés

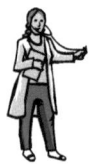

Zdravnik

orvos

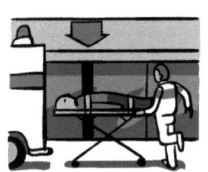

Urgenca

sürgősségi osztály

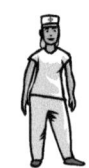

Medicinska sestra

ápoló

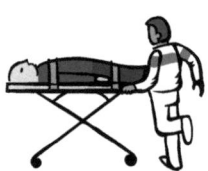

Nujni primer

vészhelyzet

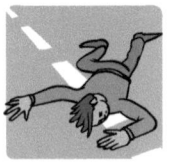

Nezavesten

eszméletlen

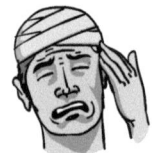

Bolečina

fájdalom

Poškodba

sérülés

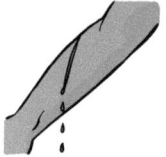

Krvavenje

vérzés

Srčni infarkt

szívroham

Kap

szélütés

Alergija

allergia

Kašelj

köhögés

Vročina

láz

Gripa

influenza

Driska

hasmenés

Glavobol

fejfájás

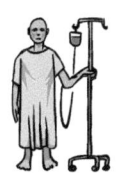

Rak

rák

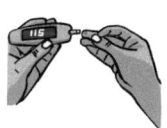

Sladkorna bolezen

cukorbetegség

Kirurg

sebész

Skalpel

szike

Operacija

műtét

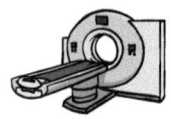

CT

CT

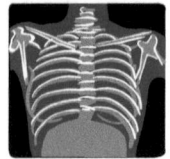

Rentgen

röntgen

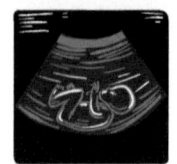

Ultrazvok

ultrahang

Obrazna maska

arcmaszk

Bolezen

betegség

Čakalnica

váróterem

Bergla

mankó

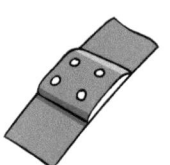

Obliž

sebtapasz

Preveza

kötszer

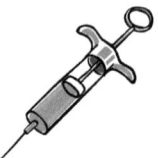

Injekcija

injekció

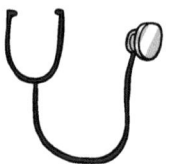

Stetoskop

sztetoszkóp

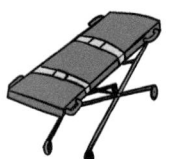

Nosila

hordágy

Klinični termometer

klinikai hőmérő

Porod

születés

Prekomerna teža

túlsúly

Slušni pripomoček

hallókészülék

Razkužilo

fertőtlenítőszer

Okužba

fertőzés

Virus

vírus

HIV / AIDS

HIV/AIDS

Medicina

orvosság

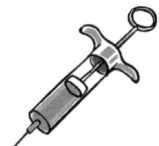

Cepljenje

oltás

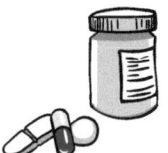

Tablete

tabletták

Tableta

tabletta

Klic v sili

sürgősségi hívás

Merilnik krvnega tlaka

vérnyomásmérő

bolano / zdravo

betegség / egészség

Na pomoč!

Segítség!

Alarm

riasztás

Napad

rajtaütés

Napad

támadás

Nevarnost

veszély

Izhod v sili

vészkijárat

Gori!

tűz!

Gasilni aparat

tűzoltókészülék

Nezgoda

baleset

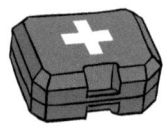

Komplet za prvo pomoč

elsősegélycsomag

SOS

SOS

Policija

rendőrség

Evropa

Európa

Severna Amerika

Észak-Amerika

Južna Amerika

Dél-Amerika

Afrika

Afrika

Azija

Ázsia

Avstralija

Ausztrália

Atlantski ocean

Atlanti-óceán

Tihi ocean

Csendes-óceán

Indijski ocean

Indiai-óceán

Južni ocean

Déli-óceán

Arktični ocean

Jeges-tenger

Severni tečaj

Északi-sark

Južni tečaj

Déli-sark

Antarktika

Antarktisz

Zemlja

föld

Kopno

szárazföld

Morje

tenger

Otok

sziget

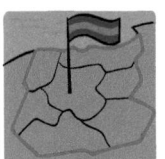

Narod

nemzet

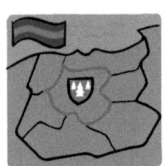

Država

állam

Številčnica

számlap

Urni kazalec

kismutató

Minutni kazalec

nagymutató

Sekundni kazalec

másodpercmutató

Koliko je ura?

Mennyi az idő?

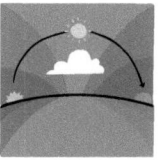

Dan

nap

Čas

idő

Zdaj

most

Digitalna ura

digitális óra

Minuta

perc

Ura

óra

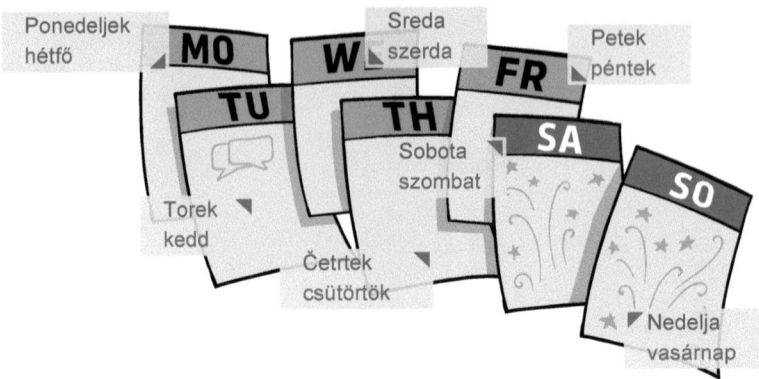

Ponedeljek / hétfő — MO
Torek / kedd — TU
Sreda / szerda — W
Četrtek / csütörtök — TH
Petek / péntek — FR
Sobota / szombat — SA
Nedelja / vasárnap — SO

Včeraj
tegnap

Danes
ma

Jutri
holnap

Jutro
reggel

Poldne
dél

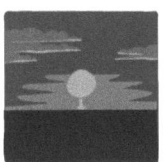

Večer
este

MO	TU	WE	TH	FR	SA	SU
1	2	3	4	5	6	7
8	9	10	11	12	13	14
15	16	17	18	19	20	21
22	23	24	25	26	27	28
29	30	31	1	2	3	4

Delovni dnevi
hétköznap

MO	TU	WE	TH	FR	SA	SU
1	2	3	4	5	6	7
8	9	10	11	12	13	14
15	16	17	18	19	20	21
22	23	24	25	26	27	28
29	30	31	1	2	3	4

Konec tedna
hétvége

Leto
év

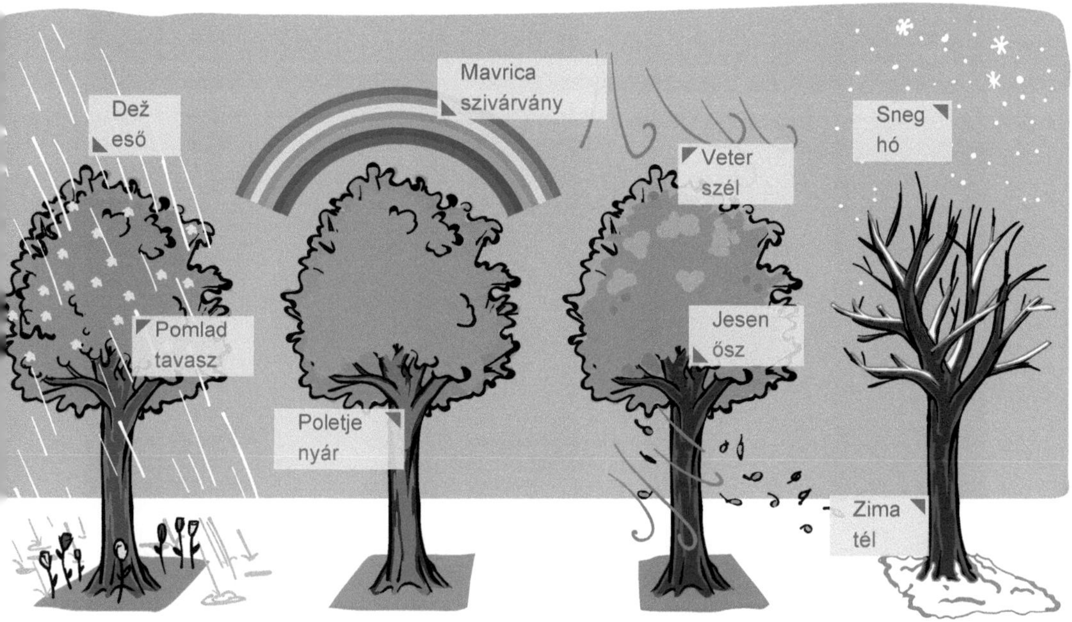
Mavrica
szivárvány
Dež
eső
Veter
szél
Sneg
hó
Pomlad
tavasz
Jesen
ősz
Poletje
nyár
Zima
tél

4.APRIL 11°
5.APRIL 4°
6.APRIL 13°
7.APRIL 8°
8.APRIL 10°

Vremenska napoved

időjárás előrejelzés

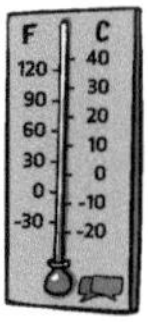
F
C
120
90
60
30
0
-30
40
30
20
10
0
-10
-20

Termometer

hőmérő

Sončna svetloba

napsütés

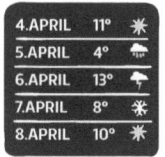

Oblak

felhő

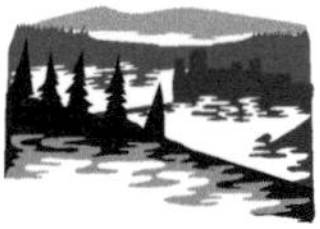

Megla

köd

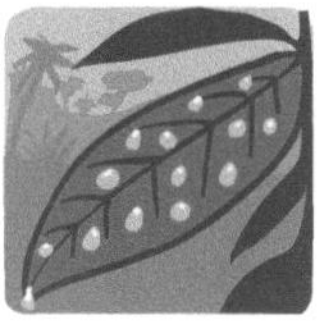

Vlažnost

páratartalom

Strela

villámlás

Grom

mennydörgés

Nevihta

vihar

Toča

jégeső

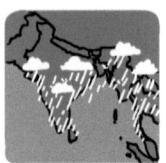

Monsun

monszun

Poplava

áradás

Led

jég

Januar

január

Februar

február

Marec

március

April

április

Maj

május

Junij

június

Julij

július

Avgust

augusztus

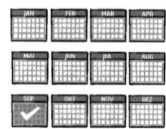

September
....
szeptember

Oktober
....
október

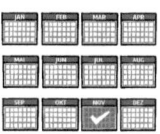

November
....
november

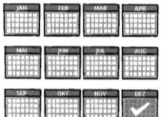

December
....
december

Krogla
....
kör

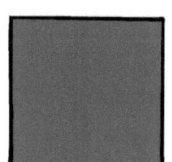

Kvadrat
....
négyzet

Pravokotnik
....
téglalap

Trikotnik
....
háromszög

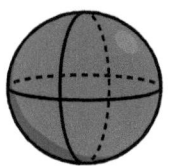

Krogla
....
gömb

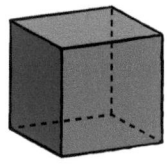

Kocka
....
kocka

Bela

fehér

Rumena

sárga

Oranžna

narancs

Rožnata

rózsaszín

Rdeča

piros

Vijolična

lila

Modra

kék

Zelena

zöld

Rjava

barna

Siva

szürke

Črna

fekete

veliko / malo

sok / kevés

jezno / umirjeno

mérges / nyugodt

lepo / grdo

szép / csúnya

začetek / konec

kezdet / vég

veliko / majhno

nagy / kicsi

svetlo / temno

világos / sötét

brat / sestra

fivér / nővér

čisto / umazano

tiszta / koszos

popolno / nepopolno

teljes / nem teljes

dan / noč

nappal / éjszaka

mrtvo / živo

halott / élő

široko / ozko

széles / keskeny

užitno / neužitno

ehető / nem ehető

zlobno / prijazno

gonosz / kedves

vznemirjeno / zdolgočaseno

izgatott / unott

debelo / vitko

kövér / vékony

prvo / zadnje

első / utolsó

prijatelj / sovražnik

barát / ellenség

polno / prazno

teli / üres

trdo / mehko

kemény / puha

težko / lahko

nehéz / könnyű

lakota / žeja

éhség / szomjúság

bolano / zdravo

betegség / egészség

nezakonito / zakonito

illegális / legális

pametno / neumno

intelligens / buta

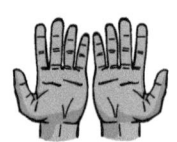

levo / desno

bal / jobb

blizu / daleč

közel / távol

novo / rabljeno

új / használt

nič / nekaj

semmi / valami

staro / mlado

idős / fiatal

vklopljeno / izklopljeno

be / ki

odprto / zaprto

nyitva / zárva

tiho / glasno

csendes / hangos

bogato / revno

gazdag / szegény

prav / narobe

helyes / helytelen

grobo / gladko

érdes / sima

žalostno / veselo

szomorú / vidám

kratko / dolgo

rövid / hosszú

počasi / hitro

lassú / gyors

mokro / suho

nedves / száraz

toplo / hladno

meleg / hideg

vojna / mir

háború / béke

Števila

számok

0	**1**	**2**
Ničla	Ena	Dva
nulla	egy	kettő
3	**4**	**5**
Tri	Štiri	Pet
három	négy	öt
6	**7**	**8**
Šest	Sedem	Osem
hat	hét	nyolc
9	**10**	**11**
Devet	Deset	Enajst
kilenc	tíz	tizenegy

12	**13**	**14**
Dvanajst	Trinajst	Štirinajst
tizenkettő	tizenhárom	tizennégy

15	**16**	**17**
Petnajst	Šestnajst	Sedemnajst
tizenöt	tizenhat	tizenhét

18	**19**	**20**
Osemnajst	Devetnajst	Dvajset
tizennyolc	tizenkilenc	húsz

100	**1.000**	**1.000.000**
Sto	Tisoč	Milijon
száz	ezer	millió

Angleščina

angol

Ameriška angleščina

amerikai angol

Mandarinščina

mandarin kínai

Hindujščina

hindi

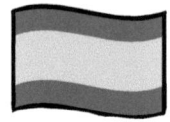

Španščina

spanyol

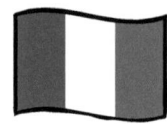

Francoščina

francia

Arabščina

arab

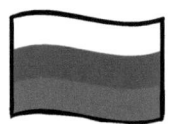

Ruščina

orosz

Portugalščina

portugál

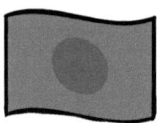

Bengalščina

bengáli

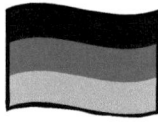

Nemščina

német

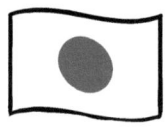

Japonščina

japán

Jaz

én

Ti

te

On / ona / tisto

ő

Mi

mi

Vi

ti

Oni

ők

Kdo?

ki?

Kaj?

mi?

Kako?

hogyan?

Kje?

hol?

Kdaj?

mikor?

Ime

név

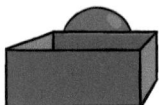

Zadaj

mögött

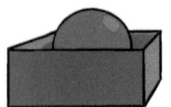

V

benne

Pred

elötte

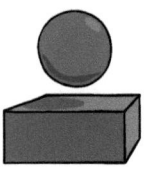

Nad

felette

Na

rajta

Pod

alatta

Poleg

mellett

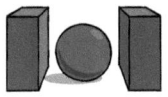

Med

között

Kraj

hely